Impressum
Verlag: BABADADA GmbH, Nedderfeld 112 , 22529 Hamburg
Geschäftsführer / Verlagsleitung: Harald Hof
Druck: Books on Demand GmbH, In de Tarpen 42, 22848 Norderstedt

Imprint
Publisher: BABADADA GmbH, Nedderfeld 112 , 22529 Hamburg, Germany
Managing Director / Publishing direction: Harald Hof
Print: Books on Demand GmbH, In de Tarpen 42, 22848 Norderstedt

el colegio

мәктәп

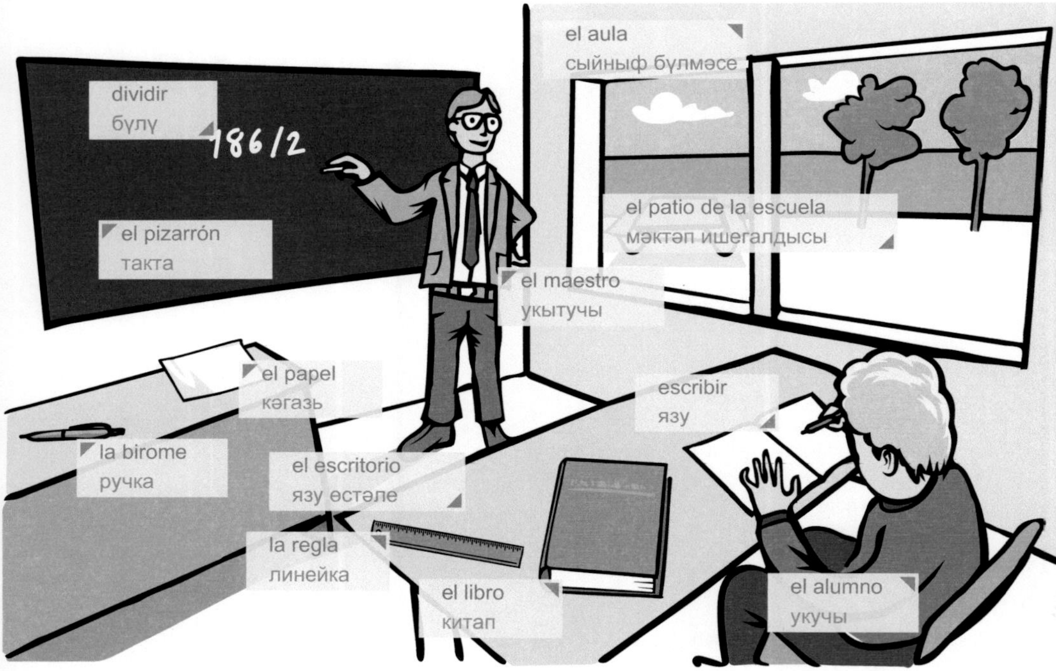

el aula
сыйныф бүлмәсе
dividir
бүлү
186/2
el pizarrón
такта
el patio de la escuela
мәктәп ишегалдысы
el maestro
укытучы
el papel
кәгазь
escribir
язу
la birome
ручка
el escritorio
язу өстәле
la regla
линейка
el libro
китап
el alumno
укучы

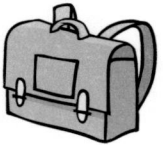

la mochila

букча

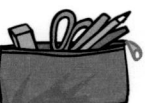

la caja de lápices

пенал

el lápiz

каләм

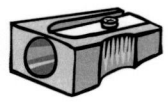

el sacapuntas

каләм очлагыч

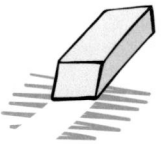

la goma (de borrar)

бетергеч

el bloc de dibujo

рәсем ясау өчен альбом

el dibujo

рәсем

el pincel

кисточка

la caja de pinturas

буяулар тартмасы

la tijera

кайчы

el pegamento

җилем

el cuaderno de ejercicios

дәфтәр

la tarea

өйгә эш

el número

сан

sumar

кушу

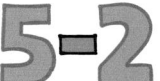

restar

алу

multiplicar

тапкырлау

calcular

исәпләү

la letra

хәреф

el abecedario

алфавит

la palabra

сүз

el colegio - мәктәп

3

el texto

текст

leer

уку

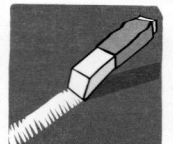

la tiza

акбур

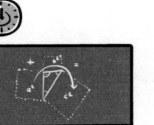

la lección

дәрес

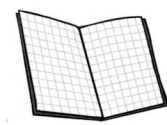

el cuaderno de clase

сыйныф журналы

el examen

имтихан

el certificado

диплом

el uniforme escolar

мәктәп формасы

la educación

мәгариф

la enciclopedia

энциклопедия

la universidad

университет

el microscopio

микроскоп

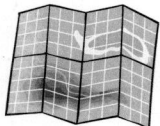

el mapa

карта

el tacho (de basura)

кәгазь өчен кәрҗин

el viaje
сәяхәт

el hotel
кунакханә
Grand
el hostel
турбаза
ROOMS
EXCHANGE
la casa de cambio
валюта алмаштыру пункты
la valija
чемодан
el auto
автомобиль

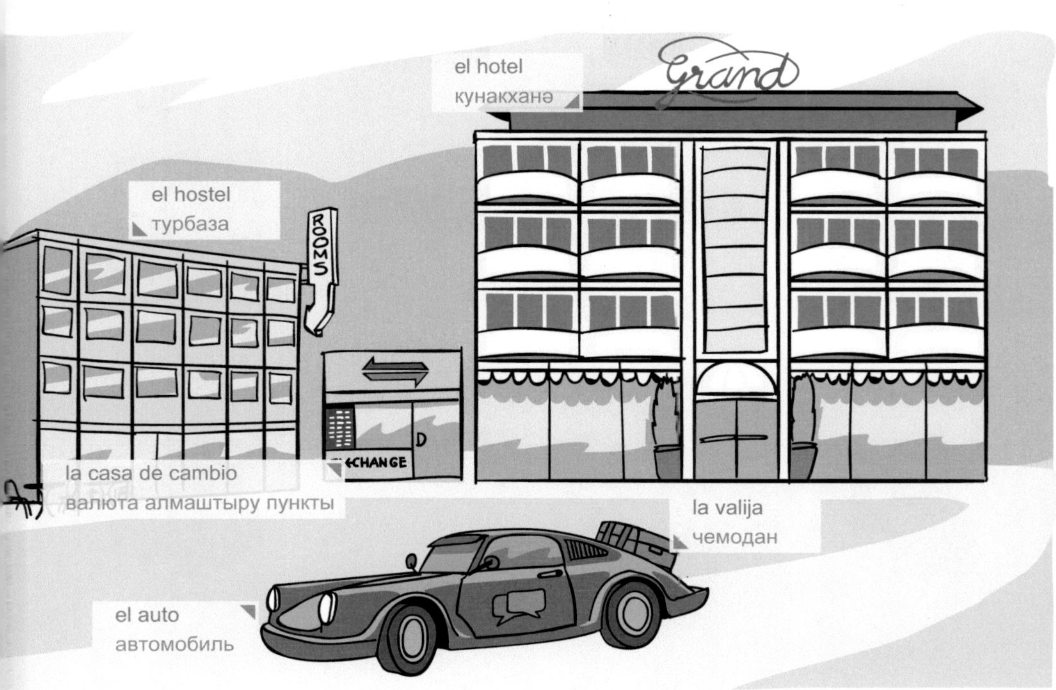

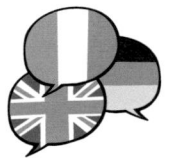

el idioma

тел

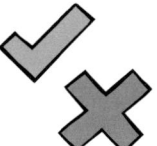

sí / no

әйе / юк

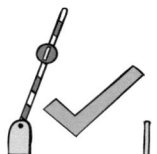

Está bien

яхшы

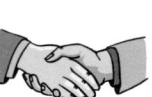

hola

сәлам

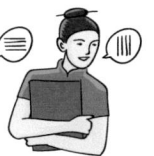

el traductor

тәрҗемәче

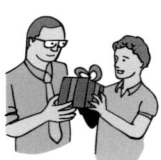

Gracias

Рәхмәт

¿cuánto cuesta…?

Күпме тора...?

No entiendo

Мин аңламыйм

el problema

проблема

¡Buenas tardes!

Хәерле кич!

¡Buenos días!

Хәерле иртә!

¡Buenas noches!

Тыныч йокы!

el adiós

хушыгыз

la dirección

юнәлеш

el equipaje

багаж

el bolso

букча

la mochila

рюкзак

el invitado

кунак

la habitación

бүлмә

la bolsa de dormir

йоклар өчен капчык

la carpa

палатка

la información turística

туристик мәгълүмат

la playa

пляж

la tarjeta de crédito

кредит картасы

el desayuno

иртәнге аш

el almuerzo

төш

la cena

кичке аш

el pasaje

билет

el ascensor

лифт

el sello

почта маркасы

la frontera

чик

la aduana

таможня

la embajada

илчелек

la visa

виза

el pasaporte

паспорт

el transporte

транспорт

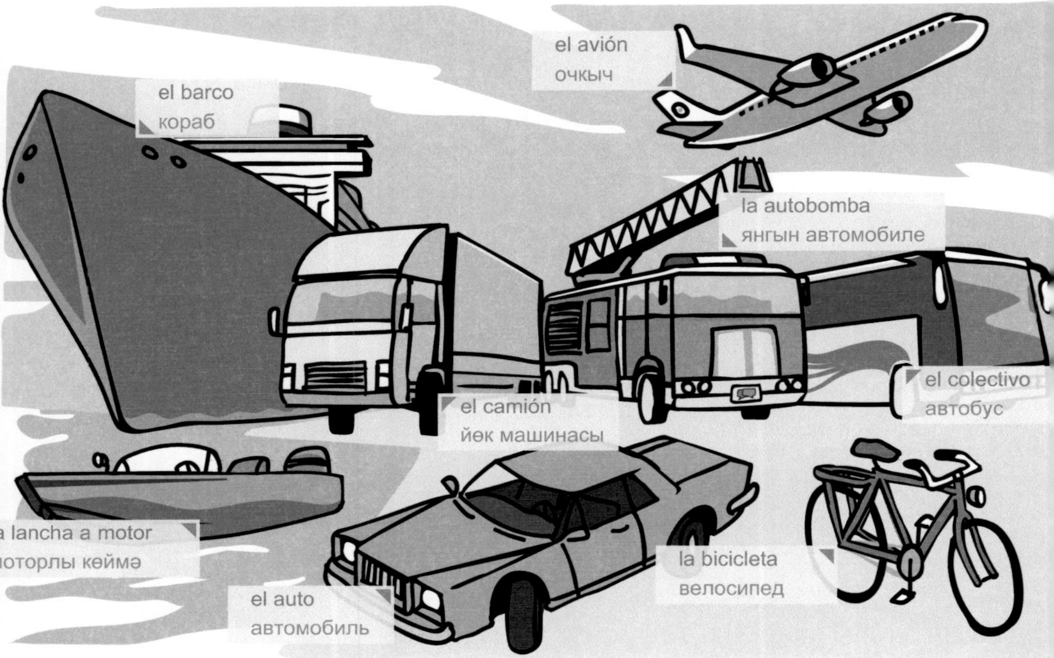

el avión
очкыч
el barco
кораб
la autobomba
янгын автомобиле
el colectivo
автобус
el camión
йөк машинасы
la lancha a motor
моторлы көймә
la bicicleta
велосипед
el auto
автомобиль

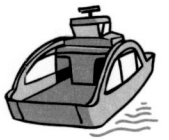

el ferry

паром

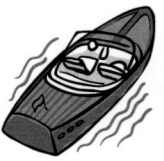

el bote

көймә

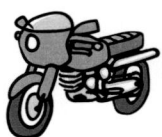

la moto

мотоцикл

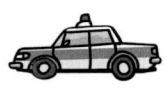

el patrullero

полиция автомобиле

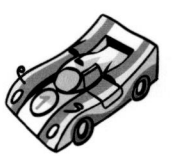

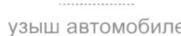

el auto de carreras

узыш автомобиле

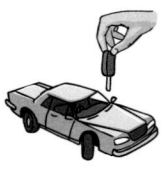

el auto de alquiler

вакытлыча алып торган автомобиль

el alquiler de autos

Автомобильләр белән
уртак файдалану

la grúa

буксирлау автомобиле

el camión de la basura

чүп ташучы

el motor

двигатель

la nafta

ягулык

la estación de servicio

заправка

la señal de tránsito

юл билгесе

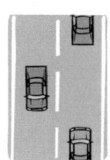

el tránsito

хәрәкәт

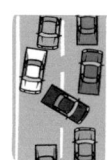

el embotellamiento

бөке

el estacionamiento

автомобиль тукталышы

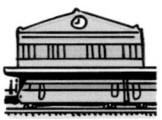

la estación de tren

вокзал

las vías

рельслар

el tren

поезд

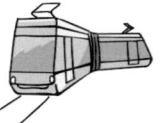

el tranvía

трамвай

el vagón

вагон

el helicóptero

вертолет

el aeropuerto

аэропорт

la torre

каланча

el pasajero

юлчы

el contenedor

контейнер

la caja de cartón

тартма

la carretilla

арба

la canasta

кәрзинкә

despegar / aterrizar

очу / җиргә төшү

la ciudad

шәһәр

el pueblo

авыл

el centro de la ciudad

шәһәр үзәге

la casa

йорт

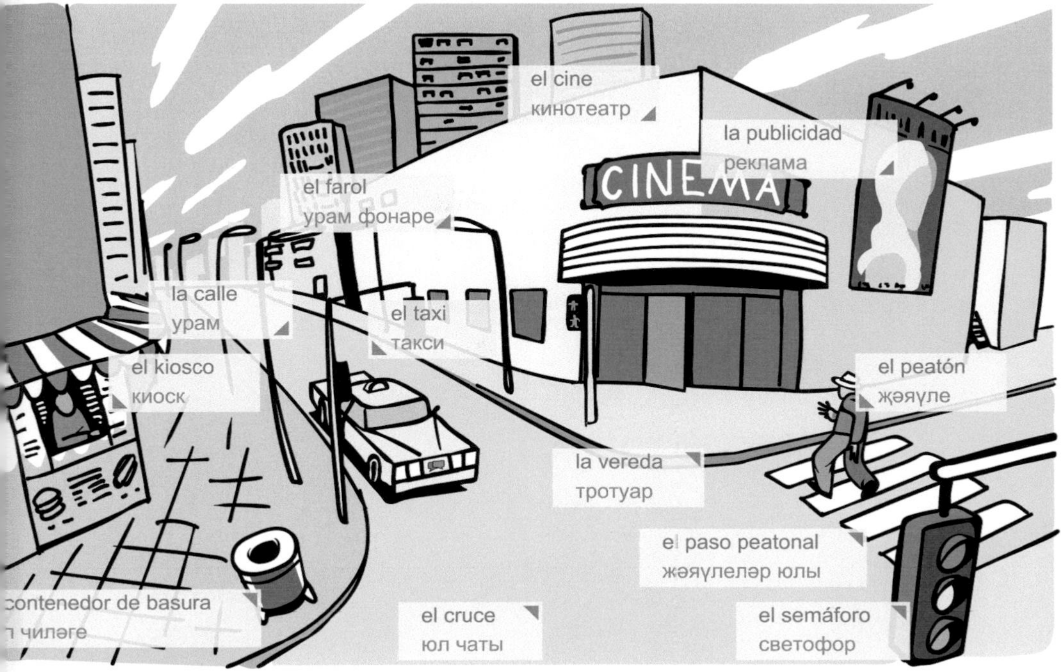

el cine
кинотеатр

la publicidad
реклама

el farol
урам фонаре

CINEMA

la calle
урам

el taxi
такси

el kiosco
киоск

el peatón
җәяүле

la vereda
тротуар

el paso peatonal
җәяүлеләр юлы

contenedor de basura
чиләге

el cruce
юл чаты

el semáforo
светофор

la cabaña

алачык

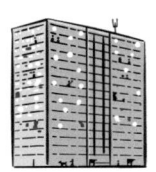

el departamento

фатир

la estación de tren

вокзал

la municipalidad

ратуша

el museo

музей

el colegio

мәктәп

la universidad

университет

el banco

банк

el hospital

хастаханә

el hotel

кунакханә

la farmacia

даруханә

la oficina

офис

la librería

китап кибете

el negocio

кибет

la florería

чәчәк кибете

el supermercado

супермаркет

el mercado

базар

las grandes tiendas

универмаг

la pescadería

балык кибете

el centro comercial

сәүдә үзәге

el puerto

порт

el parque

парк

el banco

эскәмия

el puente

күпер

las escaleras

баскыч

el subte

метро

el túnel

тоннель

la parada del colectivo

автобус туктатышы

el bar

бар

el restaurante

ресторан

el buzón

почта тартмасы

el letrero

урам исеме язылган такта

el parquímetro

паркометр

el zoológico

зоопарк

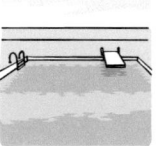

la pileta

бассейн

la mezquita

мәчет

la granja

ферма

la contaminación

әйләнә-тирә мохитне пычрату

el cementerio

зират

la iglesia

чиркәү

los juegos infantiles

балалар мәйданчыгы

el templo

гыйбадәтханә

el paisaje
ландшафт

la hoja
бит

el poste indicador
юл күрсәткече

el camino
юл

la pradera
болын

la piedra
таш

el excursionista
сәяхәтче

el árbol
агач

el río
елга

la hierba
үлән

la flor
чәчәк

el valle

үзән

la montaña

тау

el lago

күл

el bosque

урман

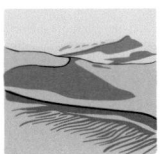

el desierto

чүл

el volcán

вулкан

el castillo

йозак

el arco iris

салават күпере

el champiñón

гөмбә

la palmera

пальма

el mosquito

черки

la mosca

чебен

la hormiga

кырмыска

la abeja

корт

la araña

үрмәкүч

el escarabajo

коңгыз

la rana

бака

la ardilla

тиен

el erizo

керпе

la liebre

куян

la lechuza

ябалак

el pájaro

кош

el cisne

аккош

el jabalí

кабан дуңгызы

el ciervo

болан

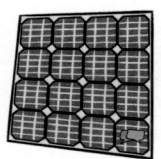

el alce

поши

la presa

буа

el aerogenerador

җил генераторы

el panel solar

кояш батареясы

el clima

климат

el restaurante
ресторан

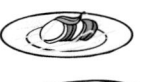

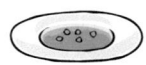

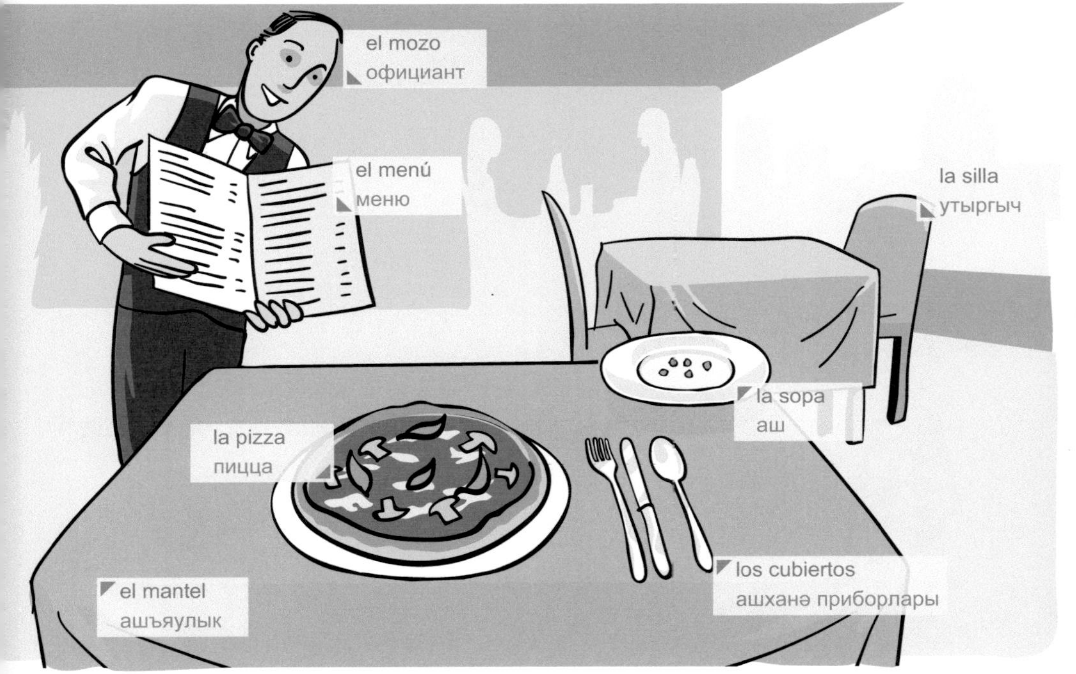

el mozo
официант
el menú
меню
la silla
утыргыч
la sopa
аш
la pizza
пицца
los cubiertos
ашханә приборлары
el mantel
ашъяулык

la entrada

кабымлык

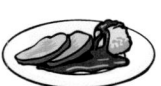

el plato principal

төп ашамлык

el postre

десерт

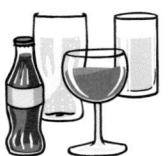

las bebidas

эчемлекләр

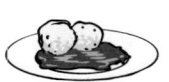

la comida

азык

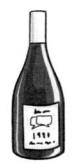

la botella

шешә

la comida rápida

фастфуд

la comida callejera

урам ризыгы

la tetera

чәйнек

la azucarera

шикәр савыты

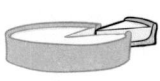

la porción

күләм

la cafetera expreso

кофе кайнаткыч

la sillita alta

балалар урындыгы

la cuenta

исәпләү

la bandeja

поднос

el cuchillo

пычак

el tenedor

чәнечке

la cuchara

кашык

la cucharita

чәй кашыгы

la servilleta

салфетка

el vaso

стакан

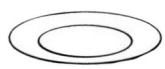

el plato

тәлинкә

el plato hondo

аш тәлинкәсе

el plato

чәй тәлинкәсе

la salsa

соус

el salero

тоз савыты

el molinillo de pimienta

борыч ваклагыч

el vinagre

серкә

el aceite

сыек май

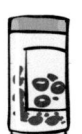

las especias

тәмләткеч

el kétchup

кетчуп

la mostaza

горчица

la mayonesa

майонез

el supermercado

супермаркет

la oferta especial
махсус тәкъдим
el cliente
сатып алучы
los lácteos
сөт продуктлары
la fruta
җимешләр
el changuito
кибеттәге арба
FOR

BUTCHERS

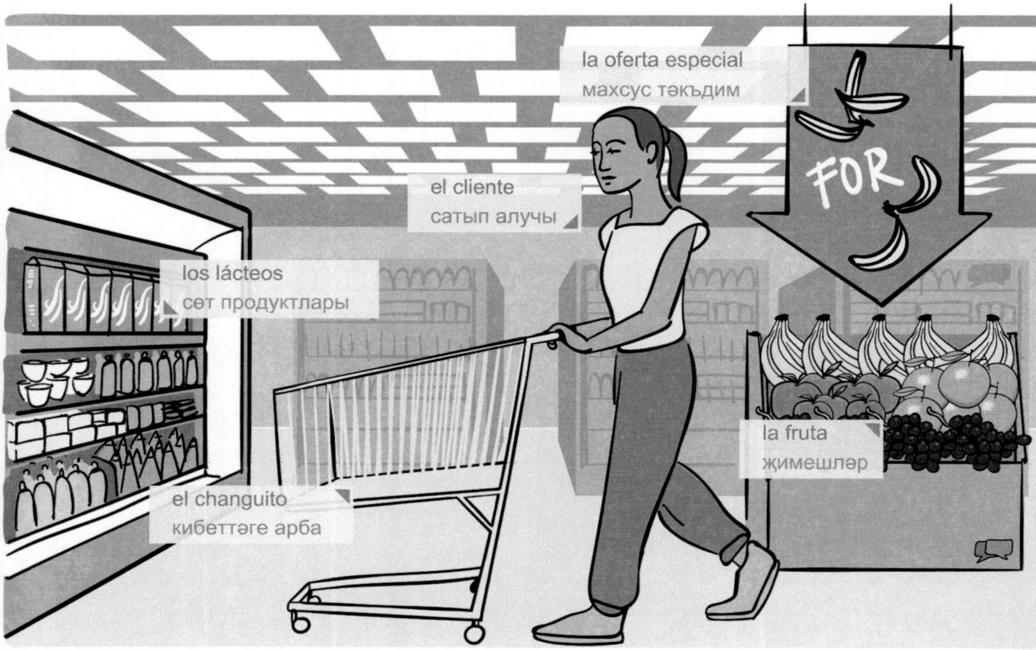

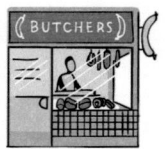

la carnicería

ит кибете

BAKERY

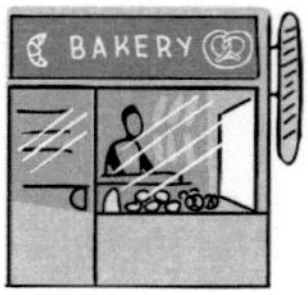

la panadería

икмәк пешерү йорты

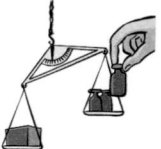

pesar

килү

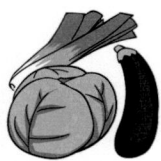

las verduras

яшелчә

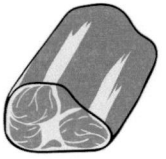

la carne

ит

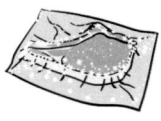

los alimentos congelados

туңдырылган продуктлар

los fiambres

кисәкле ит

los alimentos enlatados

консервалар

el detergente en polvo

кер юу порошогы

las golosinas

тәм-томнар

los electrodomésticos

көнкүреш җиһазлары

los productos de limpieza

юу әйбере

la vendedora

хатын-кыз сатучы

la caja

касса

el cajero

кассир

la lista de compras

сатып алган әйберләрнең
исемлеге

el horario de atención

эш вакыты

la billetera

бумажник

la tarjeta de crédito

кредит картасы

la cartera

букча

la bolsa de plástico

полиэтилен пакет

el agua

су

el jugo

сок

la leche

сөт

la bebida cola

кока-кола

el vino

шәраб

la cerveza

сыра

el alcohol

хәмер

el cacao

какао

el té

чәй

el café

кофе

el café expreso

эспрессо

el cappuccino

капучино

la banana

банан

la manzana

алма

la naranja

әфлисун

el melón

карбыз

el limón

лимон

la zanahoria

кишер

el ajo

сарымсак

el bambú

бамбук

la cebolla

суган

el champiñón

гөмбә

las nueces

чикләвекләр

los fideos

токмач

los tallarines

спагетти

el arroz

дөге

la ensalada

салат

las papas fritas

чипсы

las papas fritas

кыздырылган бәрәңге

la pizza

пицца

la hamburguesa

гамбургер

el sándwich

сэндвич

el churrasco

котлет

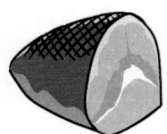

el jamón

ветчина

el salame

салями

la salchicha

сосиска

el pollo

тавык

el asado

кыздырма

el pescado

балык

los copos de avena

солы кисәкләре

el muesli

мюсли

los copos de maíz

кукуруз кисәкләре

la harina

он

la medialuna

круассан

el pancito

булка

el pan

икмәк

la tostada

тост

las galletitas

печенье

la manteca

май

la cuajada

эремчек

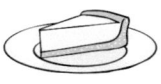

la torta

пирог

el huevo

йомырка

el huevo frito

йомырка тәбәсе

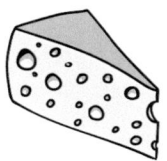

el queso

сыр

el helado

туңдырма

el azúcar

шикәр

la miel

бал

la mermelada

кайнатма

la pasta de chocolate

шоколадлы паста

el curry

карри

la granja

ферма

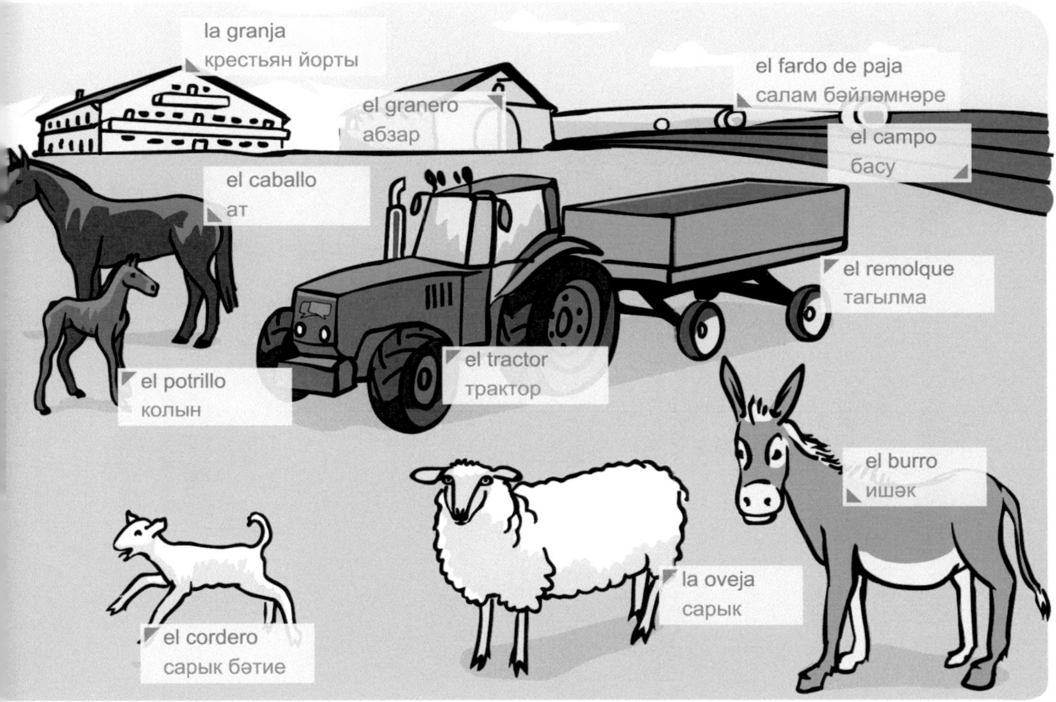

la granja
крестьян йорты
el fardo de paja
салам бәйләмнәре
el granero
абзар
el campo
басу
el caballo
ат
el remolque
тагылма
el tractor
трактор
el potrillo
колын
el burro
ишәк
la oveja
сарык
el cordero
сарык бәтие

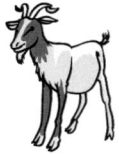

la cabra

кәҗә

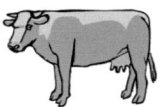

la vaca

сыер

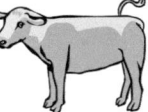

el ternero

бозау

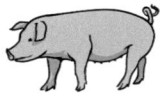

el cerdo

дуңгыз

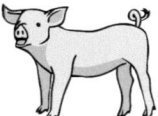

el lechón

дуңгыз баласы

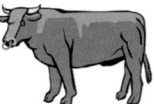

el toro

үгез

el ganso

каз

el pato

үрдәк

el pollo

чеби

la gallina

тавык

el gallo

әтәч

la rata

күсе

el gato

песи

el ratón

тычкан

el buey

эш үгезе

el perro

эт

la cucha

эт оясы

la manguera

бакча шлангысы

la regadera

сусипкеч

la guadaña

чалгы

el arado

сабан

la hoz

урак

la azada

китмән

la horquilla

тирес сәнәге

el hacha

балта

la carretilla

кул арбасы

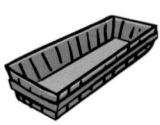

el abrevadero

тагарак

la lechera

сөт өчен бидон

la bolsa

капчык

la reja

койма

el establo

абзар

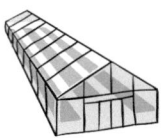

el invernadero

теплица

el suelo

туфрак

la semilla

чәчү

el fertilizador

ашлама

la cosechadora

комбайн

cosechar

уңыш җыю

la cosecha

уңыш

las batatas

ямса

el trigo

бодай

la soja

соя

la papa

бәрәңге

el maíz

кукуруз

la semilla de colza

рапс

el árbol frutal

җимеш агачы

la mandioca

маниок

los cereales

иген

la casa
йорт

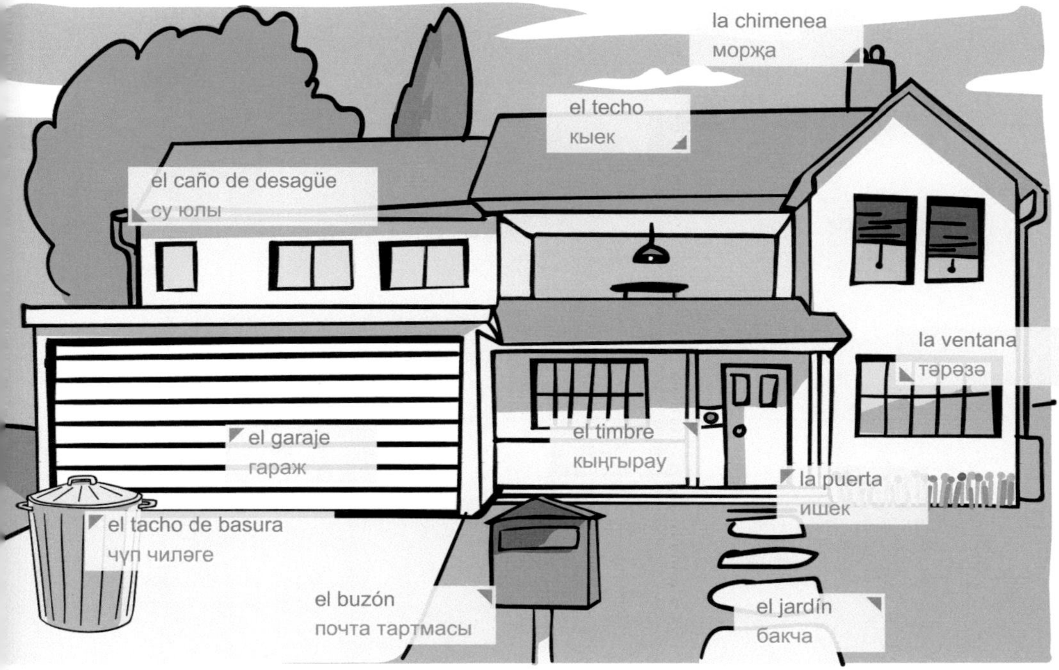

la chimenea
моржа
el techo
кыек
el caño de desagüe
су юлы
la ventana
тәрәзә
el garaje
гараж
el timbre
кыңгырау
la puerta
ишек
el tacho de basura
чүп чиләге
el buzón
почта тартмасы
el jardín
бакча

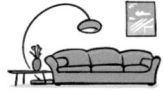

el living

кунак бүлмәсе

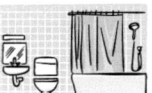

el baño

ванна бүлмәсе

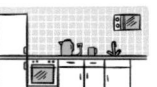

la cocina

аш бүлмәсе

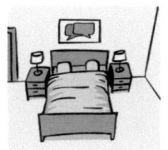

el dormitorio

йокы бүлмәсе

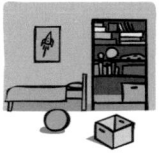

el cuarto de los chicos

балалар бүлмәсе

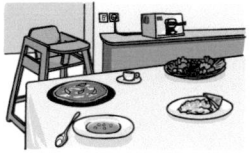

el comedor

ашханә

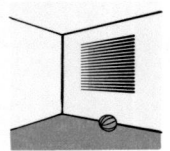

el piso

идән

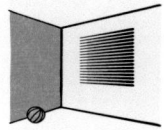

la pared

дивар

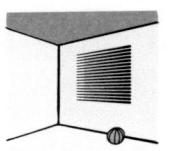

el cielorraso

түшәм

el sótano

баз

el sauna

сауна

el balcón

балкон

la terraza

терраса

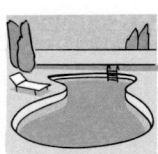

la pileta

бассейн

la cortadora de pasto

газон чапкыч

la sábana

юрган аслыгы

el acolchado

япма

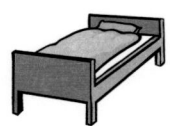

la cama

карават

la escoba

себерке

el balde

чиләк

el interruptor

сүндергеч

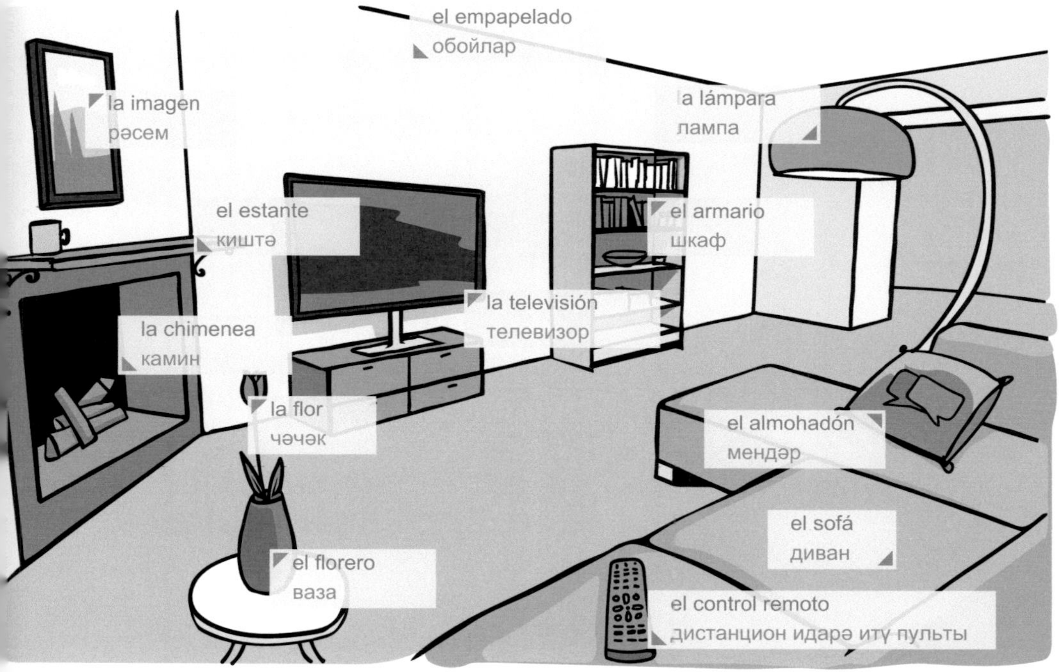

el empapelado
обойлар

la imagen
рәсем

la lámpara
лампа

el estante
киштә

el armario
шкаф

la chimenea
камин

la televisión
телевизор

la flor
чәчәк

el almohadón
мендәр

el sofá
диван

el florero
ваза

el control remoto
дистанцион идарә итү пульты

la alfombra

келәм

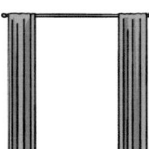

la cortina

пәрдә

la mesa

өстәл

la silla

утыргыч

la mecedora

тибрәткеч кәнәфи

el sillón

кәнәфи

el libro

китап

la frazada

япма

la decoración

бизәк

la leña

утын

la película

фильм

el equipo de música

стереосистема

la llave

ачкыч

el diario

газета

la pintura

картина

el póster

плакат

la radio

радио

el cuaderno

блокнот

la aspiradora

тузан суыргыч

el cactus

кактус

la vela

шәм

la cocina
аш бүлмәсе

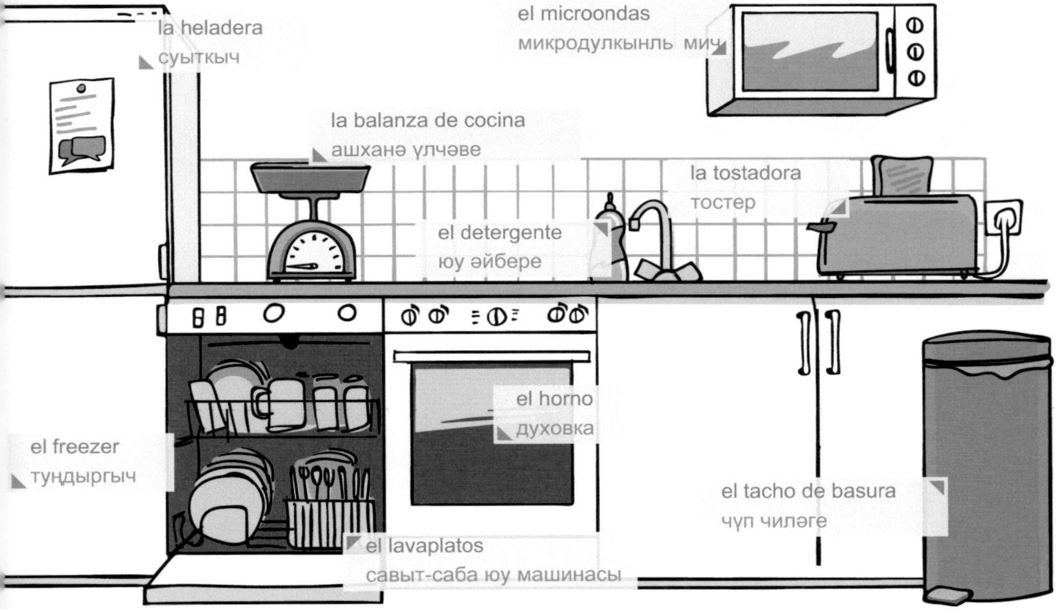
la heladera
суыткыч
el microondas
микродулкынлы мич
la balanza de cocina
ашханә үлчәве
la tostadora
тостер
el detergente
юу әйбере
el horno
духовка
el freezer
туңдыргыч
el tacho de basura
чүп чиләге
el lavaplatos
савыт-саба юу машинасы

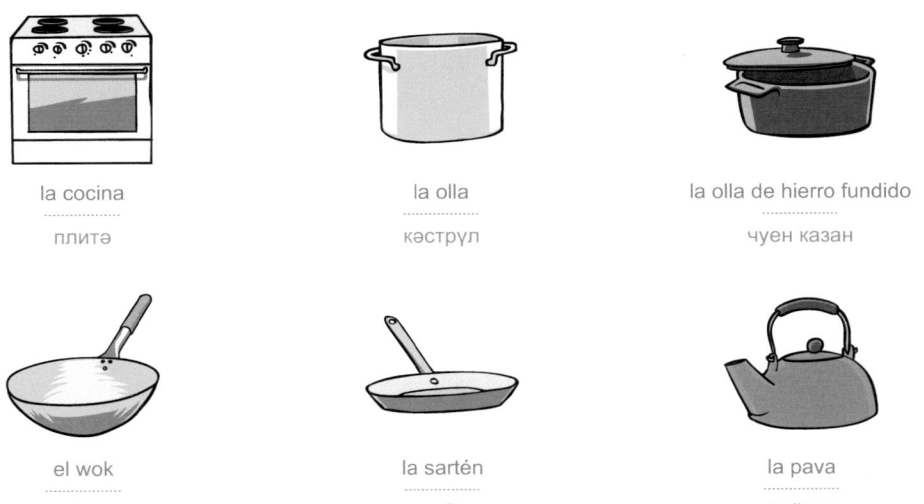

la cocina
плитә

la olla
кәстрүл

la olla de hierro fundido
чуен казан

el wok
вок / казан

la sartén
таба

la pava
чәйнек

la vaporera

парда пешергеч

la bandeja de horno

калай таба

la vajilla

савыт-саба

la taza

кружка

el bol

җамаяк

los palitos

таякчык

el cucharón

аш чүмече

la espátula

лопатка

la batidora

туглауыч

el colador

иләк

el colador

иләк

el rallador

кыргыч

el mortero

төйгеч

la parrilla

гриль

la fogata

учак

la tabla de picar

такта

el palo de amasar

уклау

el sacacorchos

бөке суыргыч

la lata

калай банк

el abrelatas

консерв ачу өчен пычак

la manopla

эләктергеч

la pileta

раковина

el cepillo

щётка

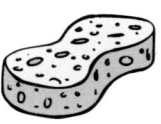

la esponja

губка

la batidora

миксер

el congelador

туңдыру камерасы

la mamadera

ашату өчен шешә

la canilla

кран

la cocina - аш бүлмәсе

el baño

ванна бүлмәсе

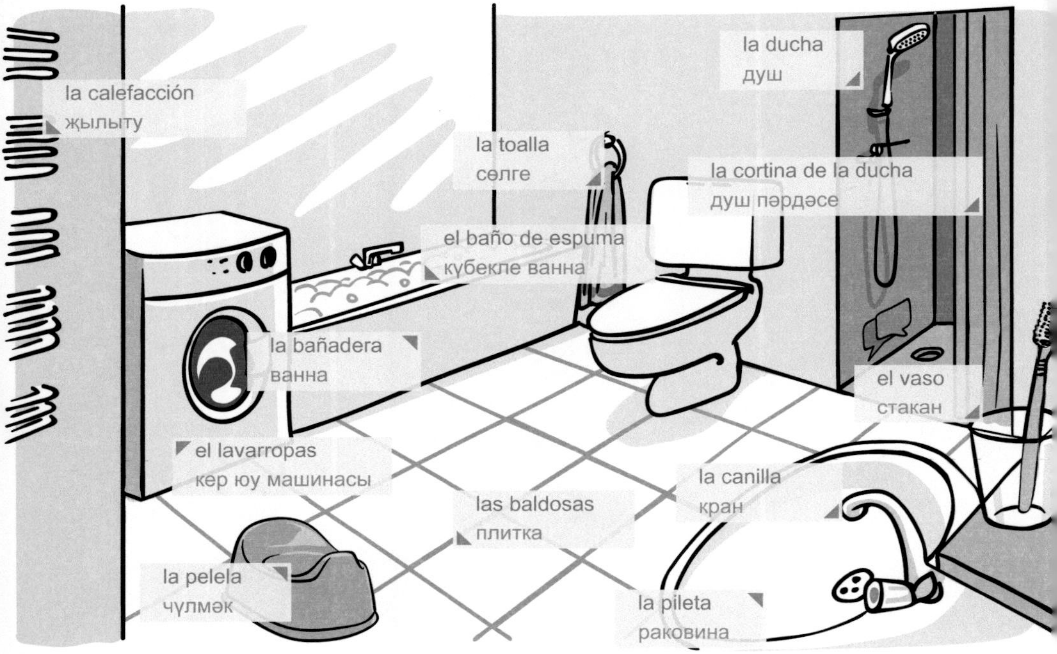

la calefacción
җылыту
la toalla
сөлге
la ducha
душ
la cortina de la ducha
душ пәрдәсе
el baño de espuma
күбекле ванна
la bañadera
ванна
el vaso
стакан
el lavarropas
кер юу машинасы
la canilla
кран
las baldosas
плитка
la pelela
чүлмәк
la pileta
раковина

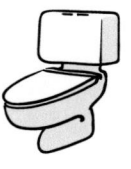

el inodoro

бәдрәф

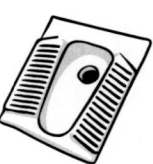

la letrina

унитаз

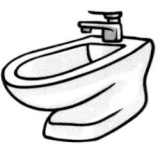

el bidé

биде

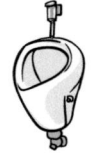

el mingitorio

писсуар

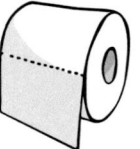

el papel higiénico

бәдрәф кәгазе

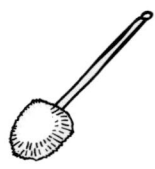

el cepillo para el inodoro

керпе кебек чистарткыч

el cepillo de dientes

теш щеткасы

el dentífrico

теш пастасы

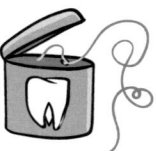

el hilo dental

теш җебе

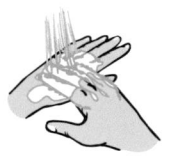

lavar

юу

la ducha de mano

кул душы

la ducha higiénica

душ

la palangana

оча сөяге

el cepillo para la espalda

аврка өчен щетка

el jabón

сабын

el gel de ducha

душ өчен гель

el shampoo

шампунь

la toallita

мунчала

el desagüe

агым

la crema

крем

el desodorante

дезодорант

el espejo

көзге

el espejito

кул көзгесе

la maquinita de afeitar

пәке

la espuma de afeitar

кырыну өчен кубек

el aftershave

Кырынаганнан соң
кулланыла торган лосьон

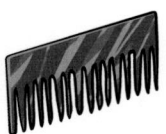

el peine

тарак

el cepillo

щётка

el secador de pelo

фен

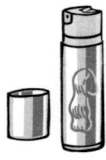

el spray

чәчләр лагы

el maquillaje

косметика

el lápiz de labios

ирен буявы

el esmalte para uñas

тырнаклар лагы

el algodón

мамык

la tijera para uñas

маникюр кайчысы

el perfume

хушбуй

el portacosméticos

косметика савыты

la banqueta

урындык

la balanza

үлчәү

la bata

халат

los guantes de goma

резин перчаткалар

el tampón

тампон

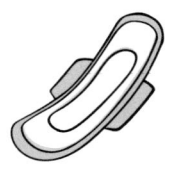

la toallita femenina

гигиена жәймәсе

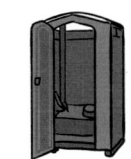

el baño químico

биотуалет

el cuarto de los chicos

балалар бүлмәсе

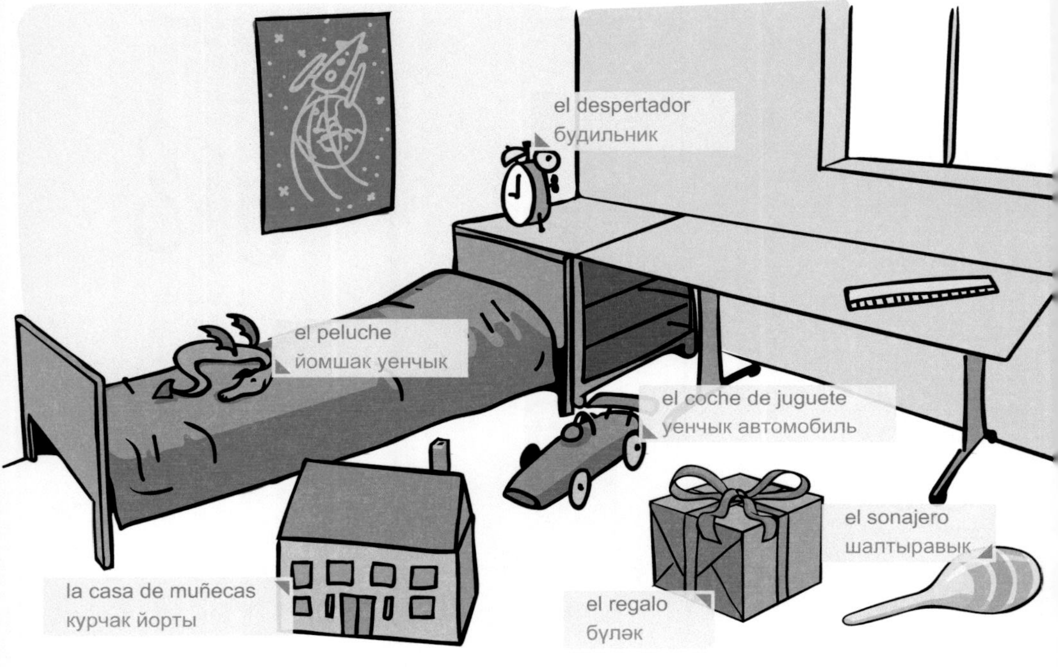
el despertador
будильник
el peluche
йомшак уенчык
el coche de juguete
уенчык автомобиль
el sonajero
шалтыравык
la casa de muñecas
курчак йорты
el regalo
бүләк

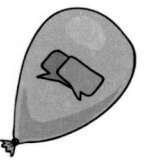

el globo

һава шары

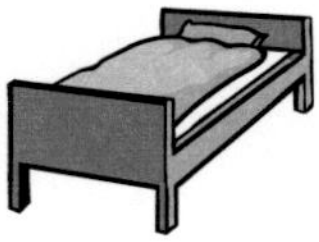

la cama

карават

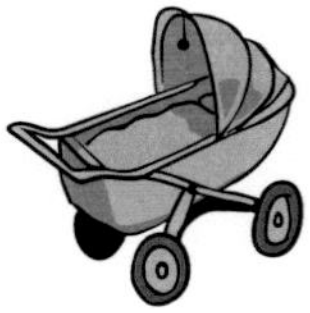

el cochecito

балалар коляскасы

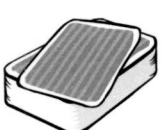

las cartas

кәрт уены

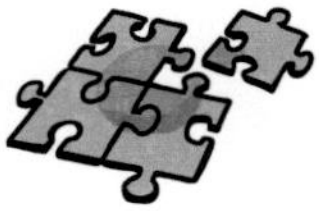

el rompecabezas

пазл

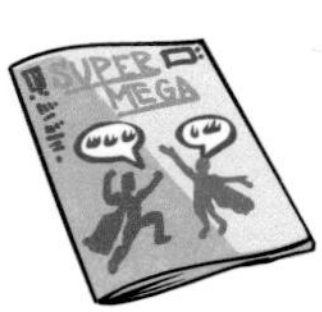
SUPER
MEGA

la historieta

комикс

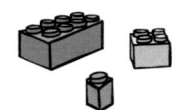

las piezas de lego

Лего кирпечекләре

los ladrillos de juguete

шакмак

la figura de acción

уенчык

el enterito (de bebé)

ползунки

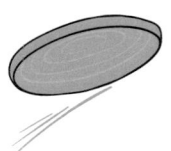

el frisbee

фрисби

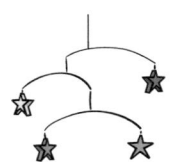

el móvil para bebés

мобиль

el juego de mesa

өстәл уены

los dados

шакмак

el tren eléctrico

тимер юл моделе

el chupete

имезлек

la fiesta

кичә

el libro de cuentos ilustrado

рәсемнәр белән бизәлгән китап

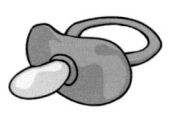

la pelota

туп

la muñeca

курчак

jugar

уйнау

el arenero

комлык

la hamaca

таган

los juguetes

уенчык

la consola de videojuegos

уен приставкасы

el triciclo

өч көпчәкле велосипед

el osito de peluche

плюш аю

el armario

кием-салым шкафы

la ropa

кием

las medias

оекбаш

las medias panty

оек

las calzas

колготки

la bufanda
шарф

el cinturón
каеш

el paraguas
зонт

la remera
футболка

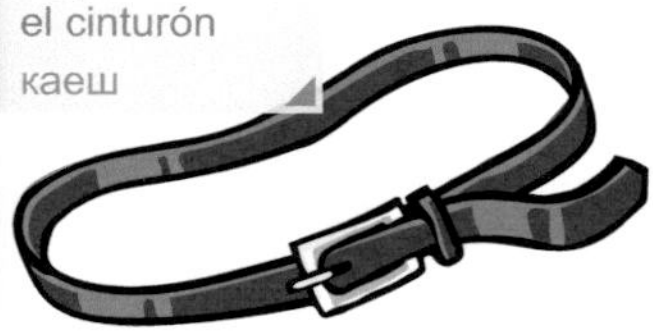

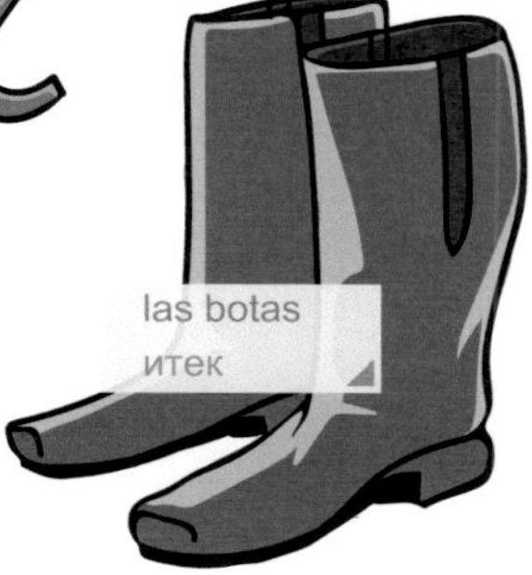

las botas
итек

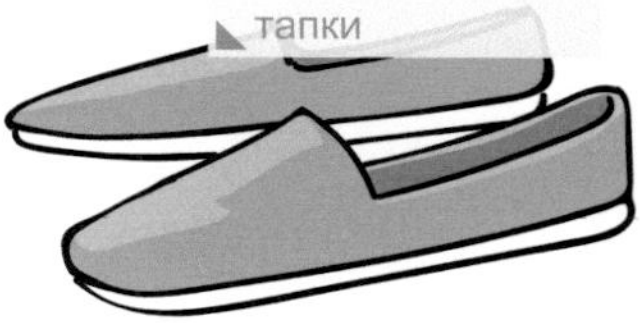

las pantuflas
тапки

las zapatillas
кроссовки

las sandalias
сандаллар

los zapatos
ботинкалар

las botas de goma
резин итекләр

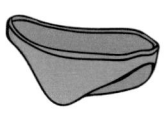

la ropa interior
трусик

el corpiño
бюстгальтер

el chaleco
майка

el body

боди

los pantalones

чалбар

los jeans

джинсы

la pollera

итәк

la blusa

блузка

la camisa

күлмәк

el pulóver

свитер

el buzo

свитер

el blazer

спорт курткасы

la campera

жакет

el tapado

пәлтә

el piloto

плащ

el traje

костюм

el vestido

күлмәк

el vestido de novia

туй күлмәге

el traje

ирләр костюмы

el camisón

төнге эчке күлмәк

el pijama

пижама

el sari

сари

el pañuelo para la cabeza

яулык

el turbante

чалма

la burka

пәрәнҗә

el caftán

кафтан

la abaya

абайя

el traje de baño

коену костюмы

el short de baño

плавки

los shorts

шорт

el jogging

спорт костюмы

el delantal

алъяпкыч

los guantes

перчаткалар

el botón

төймә

los anteojos

күзлек

la pulsera

беләзек

el collar

чылбыр

el anillo

балдак

el aro

алка

la gorra

бүрек

la percha

элгеч

el sombrero

эшләпә

la corbata

галстук

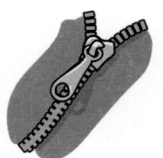

el cierre

молния каптырмасы

el casco

каска

los tiradores

подтяжка

el uniforme escolar

мәктәп формасы

el uniforme

форма

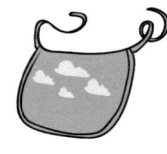

el babero

балалар күкрәкчәсе

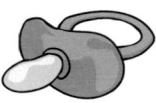

el chupete

имезлек

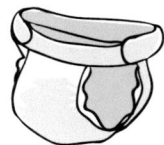

el pañal

подгузник

la oficina

офис

el servidor
сервер
el archivero
канцелярия шкафы
la impresora
принтер
el papel
кәгазь
el monitor
монитор
el mouse
мышка
el escritorio
язу өстәле
la carpeta
папка
el teclado
клавиатура
el tacho (de basura)
кәгазь өчен кәрҗин
la computadora
компьютер
la silla
утыргыч

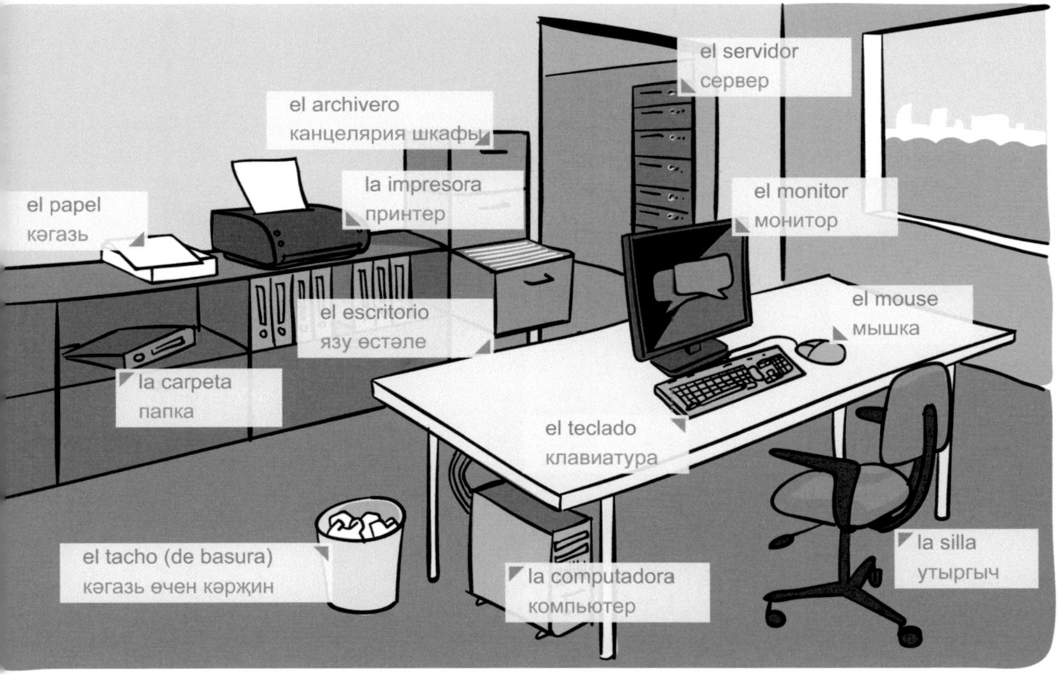

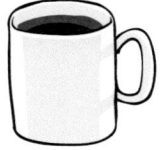

la taza de café

кофе кружкасы

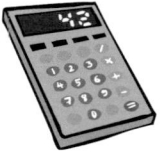

la calculadora

калькулятор

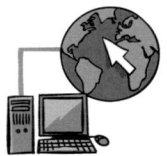

el internet

интернет

la laptop

ноутбук

la carta

хат

el mensaje

хәбәр

el celular

кесә телефоны

la red

челтәр

la fotocopiadora

ксерокс

el software

программа

el teléfono

телефон

el tomacorriente

розетка

el fax

факс

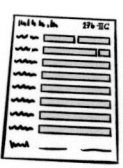

el formulario

формуляр

el documento

документ

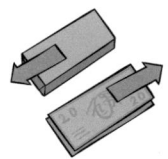

comprar

сатып алу

pagar

түләү

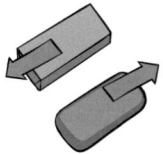

hacer negocios

сәүдә

el dinero

акча

el dólar

доллар

el euro

евро

el yen

иена

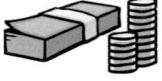

el rublo

сум

el franco suizo

франк

el yuan

жэньминьби юань

la rupia

рупия

el cajero automático

банкомат

la casa de cambio

валюта алмаштыру пункты

el oro

алтын

la plata

көмеш

el petróleo

жир мае

la energía

энергия

el precio

бәя

el contrato

килешү

el impuesto

салым

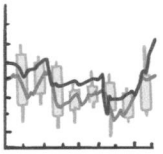

la acción

акция

trabajar

эш

el empleado

эшче

el empleador

эш бируче

la fábrica

фабрика

el negocio

кибет

las ocupaciones
профессиялəр

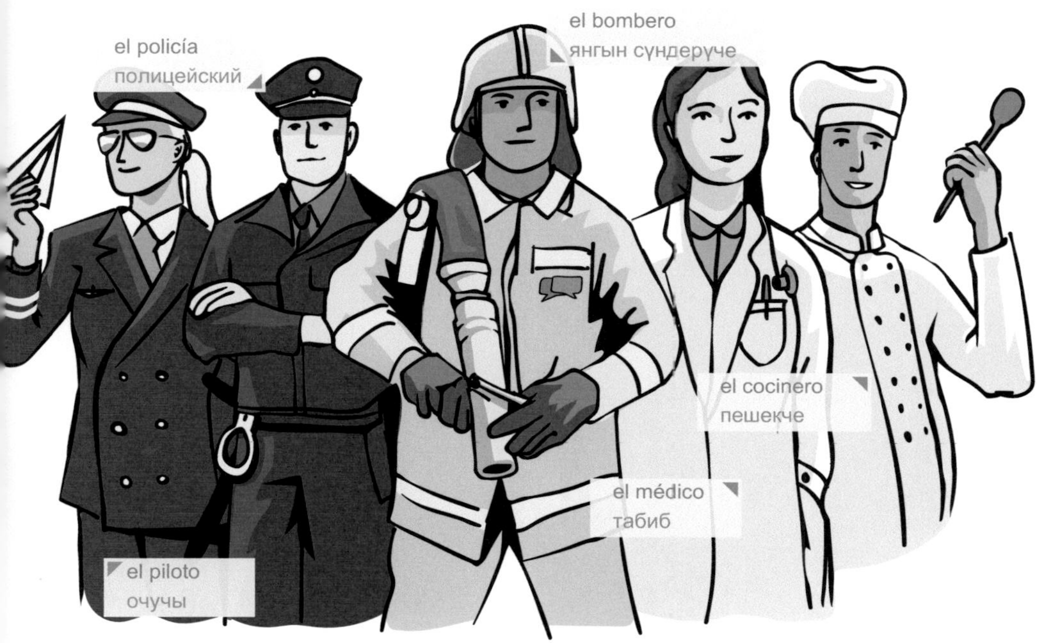

el bombero
янгын сүндерүче
el policía
полицейский
el cocinero
пешекче
el médico
табиб
el piloto
очучы

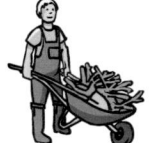

el jardinero

бакчачы

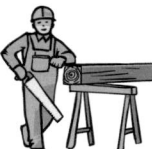

el carpintero

агач остасы

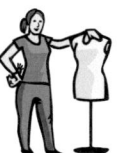

la modista

тегүче

el juez

хаким

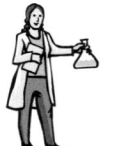

el farmacéutico

химик

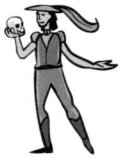

el actor

актер

el colectivero

автобус йөртүче

el taxista

таксист

el pescador

балыкчы

la mucama

җыештыручы хатын

el techista

түбә ябучы

el mozo

официант

el cazador

аучы

el pintor

рәссам

el panadero

пешекче

el electricista

электрик

el albañil

төзүче

el ingeniero

инженер

el carnicero

итче

el plomero

сантехник

el cartero

хат ташучы

el soldado

солдат

el arquitecto

архитектор

el cajero

кассир

el florista

чэчэкче

el peluquero

парикмахер

el cobrador

кондуктор

el mecánico

механик

el capitán

капитан

el dentista

теш табибы

el científico

галим

el rabino

раввин

el imán

имам

el monje

монах

el sacerdote

рухани

las herramientas

кораллар

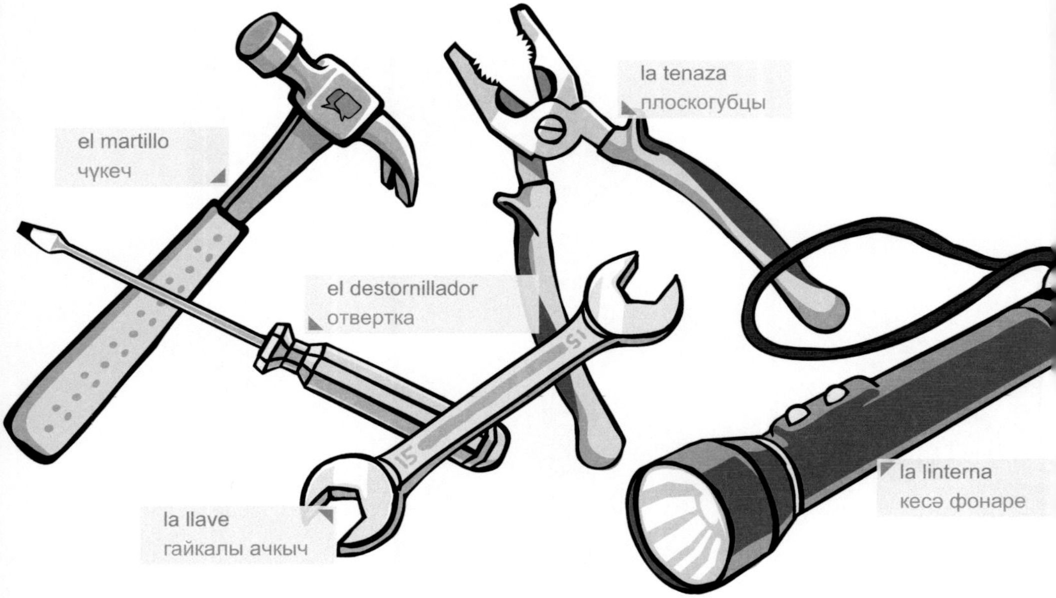
la tenaza
плоскогубцы
el martillo
чукеч
el destornillador
отвертка
la linterna
кесә фонаре
la llave
гайкалы ачкыч

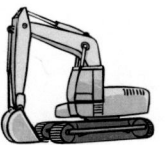

la excavadora

экскаватор

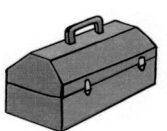

la caja de herramientas

инструментлар өчен тартма

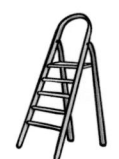

la escalera portátil

баскыч

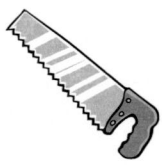

la sierra

пычкы

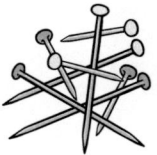

los clavos

кадаклар

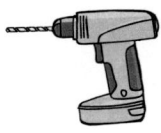

el taladro

дрель

arreglar

төзәтү

la pala de jardín

көрәк

¡Qué bronca!

Шайтан алгыры!

la pala de plástico

соскы

el tacho de pintura

савытлы буяу

los tornillos

винтлар

los instrumentos musicales
музыкаль инструментлар

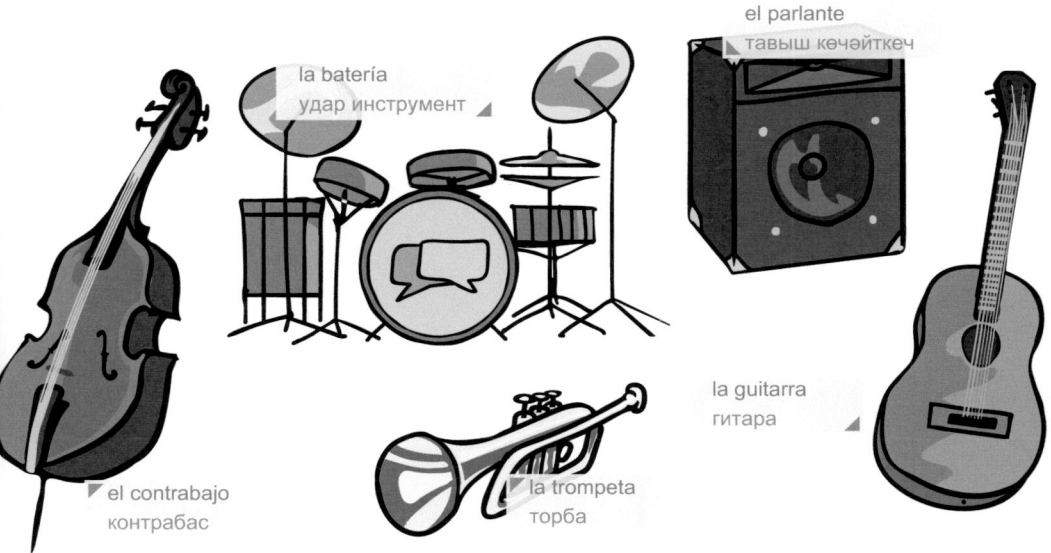

el parlante
тавыш көчәйткеч

la batería
удар инструмент

la guitarra
гитара

el contrabajo
контрабас

la trompeta
торба

el piano

пианино

el violín

скрипка

el bajo

бас-гитара

los timbales

литавра

el tambor

барабан

el teclado

синтезатор

el saxofón

саксофон

la flauta

флейта

el micrófono

микрофон

el zoológico
зоопарк

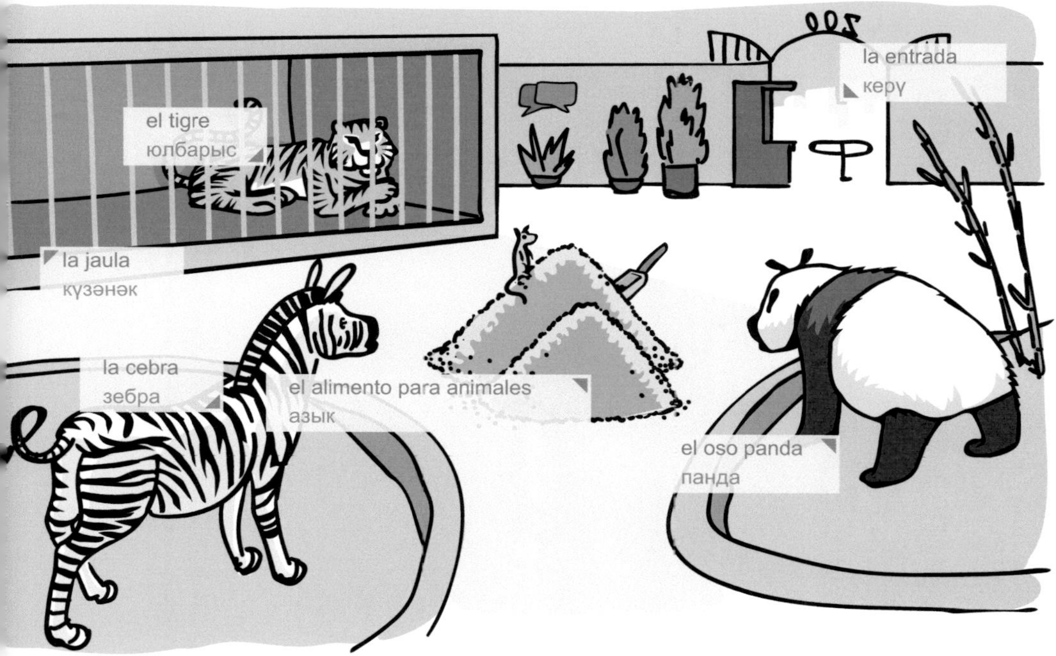

ZOO
la entrada
керү
el tigre
юлбарыс
la jaula
күзәнәк
la cebra
зебра
el alimento para animales
азык
el oso panda
панда

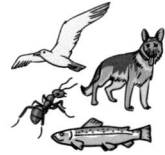

los animales

хайваннар

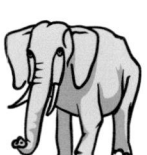

el elefante

фил

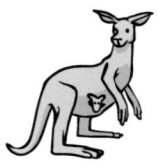

el canguro

кенгеру

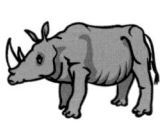

el rinoceronte

мөгезборын

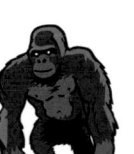

el gorila

горилла

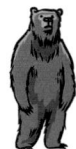

el oso

аю

el camello

дөя

el avestruz

төвə кошы

el león

арыслан

el mono

маймыл

el flamenco

фламинго

el loro

тутый кош

el oso polar

ак аю

el pingüino

пингвин

el tiburón

акула

el pavo real

тавис

la serpiente

елан

el cocodrilo

крокодил

el cuidador del zoológico

зоопарк хезмәткәре

la foca

тюлень

el jaguar

ягуар

el poni

пони

el leopardo

каплан

el hipopótamo

су үгезе

la jirafa

жираф

el águila

бөркет

el jabalí

кабан дуңгызы

el pescado

балык

la tortuga

ташбака

la morsa

морж

el zorro

төлке

la gacela

газәл

el fútbol americano
америка футболы

el ciclismo
велосипедта йөрү

el tenis
теннис

el básquet
баскетбол

la natación
йөзү

el boxeo
бокс

el hockey sobre hielo
хоккей

el fútbol
футбол

el bádminton
бадминтон

el atletismo
җиңел атлетика

el handball
гандбол

el esquí
чаңгы спорты

el polo
поло

saltar
сикерү

reír
көлү

abrazar
кочаклау

caminar
бару

cantar
җырлау

soñar
хыяллану

rezar
гыйбадәт кылу

besar
үбү

escribir
язу

dibujar
рәсем ясау

mostrar
күрсәтү

presionar
басу

dar
бирү

tomar
алу

tener

үзеңдә булдыру

hacer

эшләү

ser

булу

estar parado

басып тору

correr

йөгерү

tirar

тарту

tirar

ташлау

caer

егылу

estar acostado

яту

esperar

көтү

llevar

йөртү

estar sentado

утыру

vestirse

кию

dormir

йоклау

despertar

уяну

mirar

карау

llorar

елау

acariciar

үтекләү

peinar

тарау

hablar

әйтү

entender

аңлау

preguntar

сорау

escuchar

тыңлау

beber

эчү

comer

ашау

ordenar

тәртипкә китерү

amar

сөю

cocinar

әзерләү

manejar

машинада бару

volar

очу

las actividades - хәрәкәт

navegar

Җилкәндә йөрү

calcular

исәпләү

leer

уку

aprender

уку

trabajar

эш

casarse

никахлашу

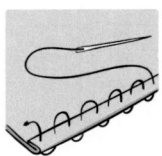

coser

тегү

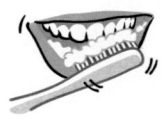

cepillarse los dientes

тешләрне чистарту

matar

үтерү

fumar

тәмәке тарту

enviar

җибәрү

la familia

гаилә

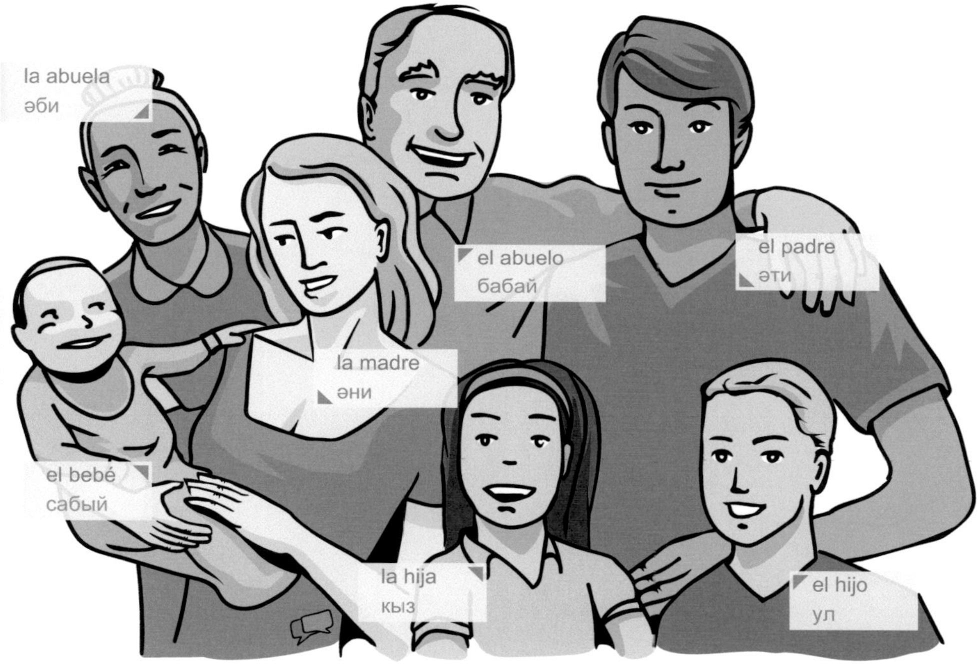
la abuela
әби
el abuelo
бабай
el padre
әти
la madre
әни
el bebé
сабый
la hija
кыз
el hijo
ул

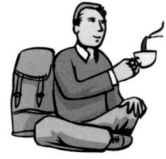

el invitado

кунак

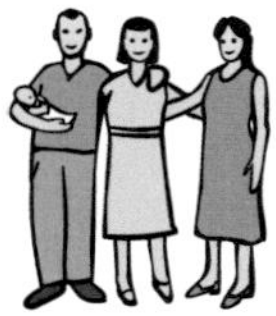

la tía

түти

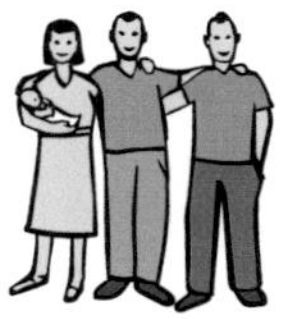

el tío

абый

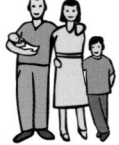

el hermano

кардәш

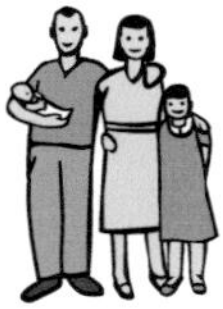

la hermana

апа

el cuerpo

тəн

la frente
маңгай
el ojo
күз
el hombro
кулбаш
el dedo
бармак
la cara
бит
la pera
ияк
la mano
кул чугы
la pierna
аяк
el pecho
күкрәк
el brazo
кул

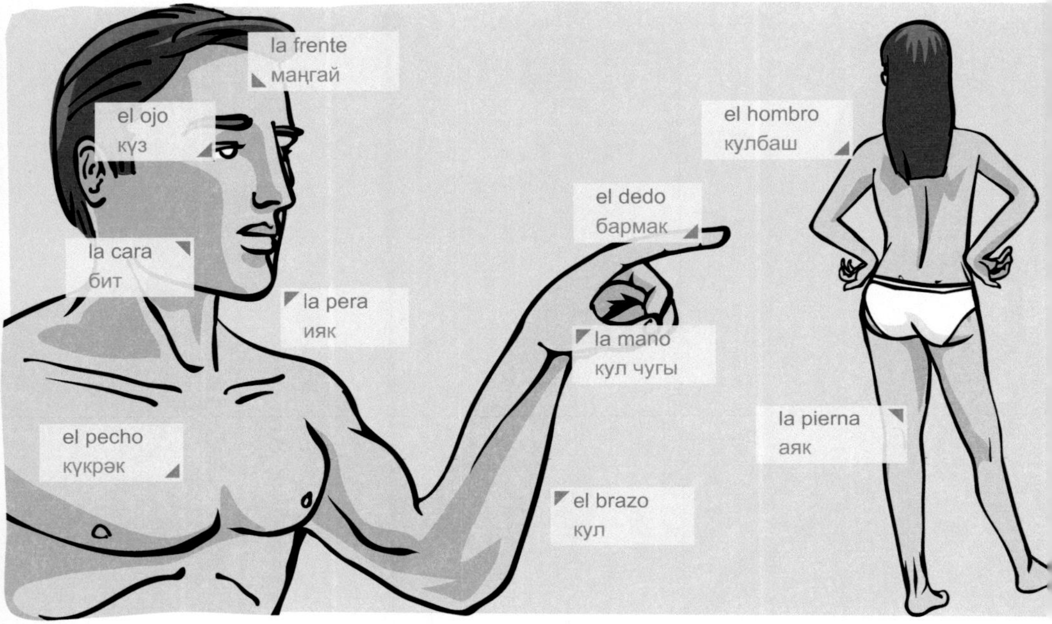

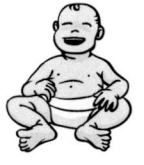

el bebé

сабый

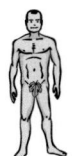

el hombre

ир

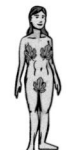

la mujer

хатын

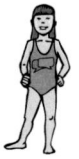

la nena

кыз

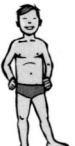

el nene

малай

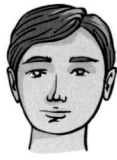

la cabeza

баш

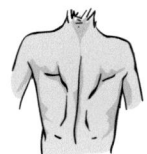

la espalda

арка

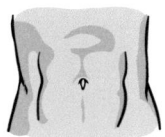

la panza

эч

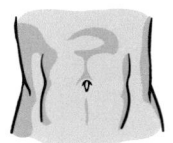

el ombligo

кендек

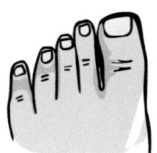

el dedo del pie

аяк бармагы

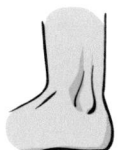

el talón

үкчә

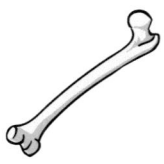

el hueso

сөяк

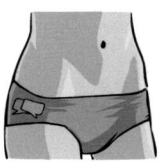

la cadera

бот

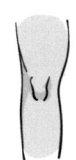

la rodilla

тез

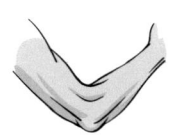

el codo

терсәк

la nariz

борын

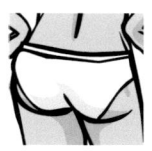

la cola

арт сан

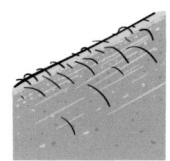

la piel

тире

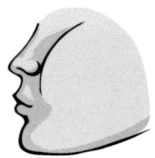

el cachete

яңак

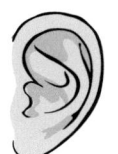

la oreja

колак

el labio

ирен

el cuerpo - тән

la boca

авыз

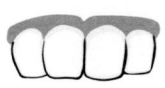

el diente

теш

la lengua

тел

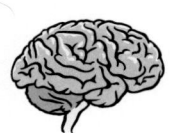

el cerebro

ми

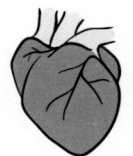

el corazón

йөрәк

el músculo

мускул

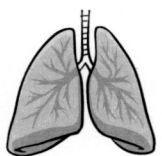

el pulmón

үпкәләр

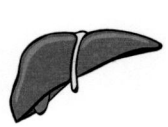

el hígado

бавыр

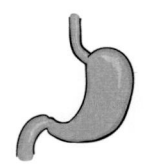

el estómago

ашказан

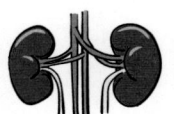

los riñones

бөерләр

el sexo

җенси акт

el preservativo

презерватив

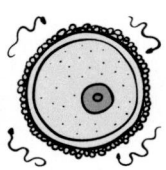

el óvulo

күкәйлек

el semen

сперма

el embarazo

көмәнлек

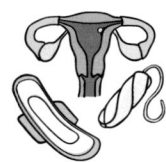

la menstruación

күрем

la vagina

вагина

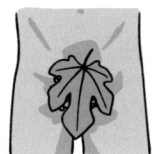

el pene

пенис

la ceja

каш

el pelo

чәчләр

el cuello

муен

el hospital
хастаханә

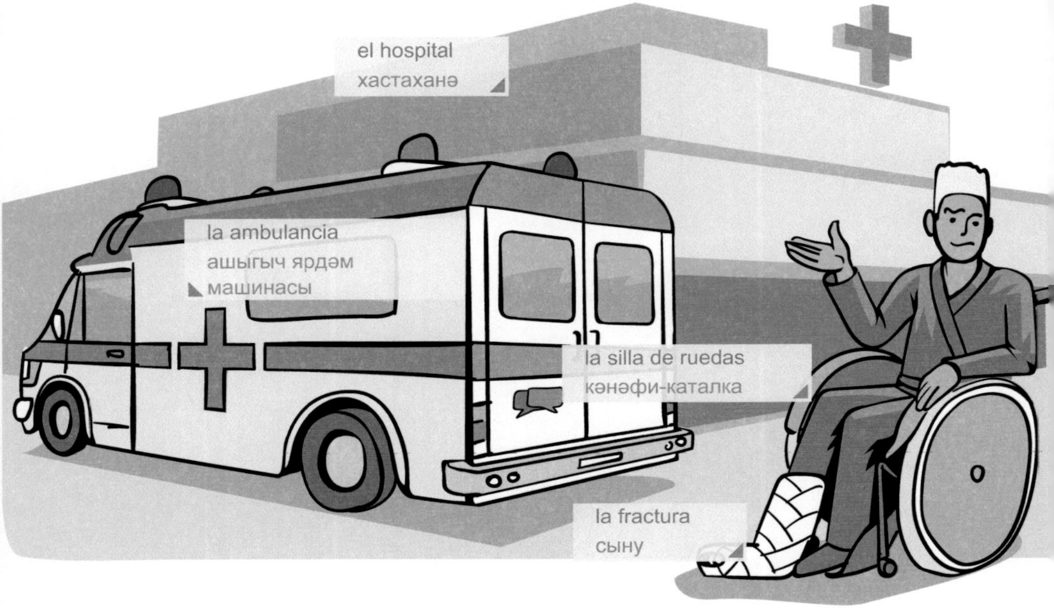

el hospital
хастаханә
la ambulancia
ашыгыч ярдәм
машинасы
la silla de ruedas
кәнәфи-каталка
la fractura
сыну

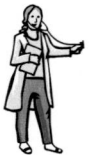

el médico

табиб

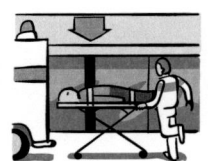

la sala de guardia

беренче ярдәм пункты

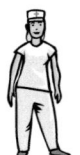

la enfermera

шәфкать туташы

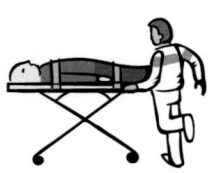

la emergencia

кичектергесез хәл

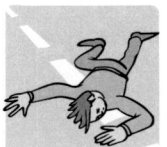

inconsciente

аңсыз

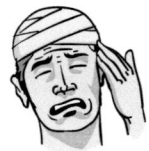

el dolor

авырту

la lesión

зыян килү

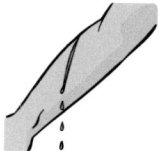

la hemorragia

кан агу

el infarto

инфаркт

el ACV

инсульт

la alergia

аллергия

la tos

ютәл

la fiebre

югары температура

la gripe

грипп

la diarrea

эч китү

el dolor de cabeza

баш авырту

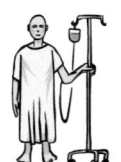

el cáncer

кысла

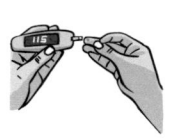

la diabetes

диабет

el cirujano

хирург

el bisturí

скальпель

la operación

операция

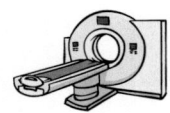

la TC

КТ

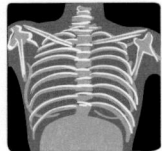

los rayos x

рентген

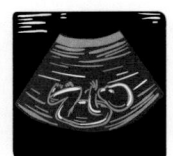

la ecografía

ультратавыш

el barbijo

битлек

la enfermedad

авыру

la sala de espera

кабул итү бүлмәсе

la muleta

култык таягы

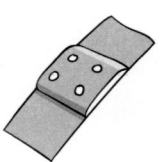

la curita

пластырь

la venda

бинт

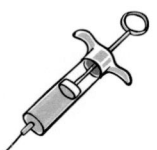

la inyección

укол кадау

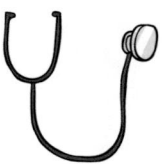

el estetoscopio

стетоскоп

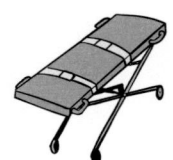

la camilla

носилки

el termómetro

термометр

el nacimiento

туу

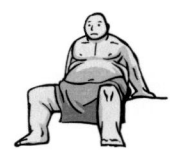

el sobrepeso

артык авырлык

el hospital - хастаханә

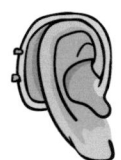

el audífono

колак аппараты

el desinfectante

йогышсызландыру чарасы

la infección

инфекция

el virus

вирус

el VIH / SIDA

ВИЧ / СПИД

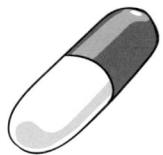

el remedio

дару

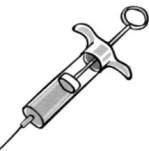

la vacunación

прививка

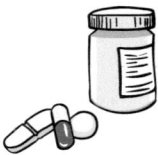

los comprimidos

таблеткалар

la pastilla anticonceptiva

балага узмас өчен
таблетка

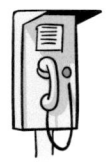

la llamada de emergencia

ашыгыч чакыру

el tensiómetro

кан басымын үлчәү өчен
прибор

enfermo / sano

авыру / сәламәт

¡Ayuda!

Ярдәм итегез!

la alarma

тревога сигналы

la agresión

һөҗүм иту

el ataque

һөҗүм

el peligro

куркыныч

la salida de emergencia

запас чыгу урыны

¡Fuego!

Янгын!

el matafuego

ут сүндергеч

el accidente

каза

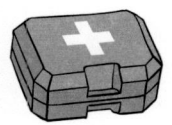

el botiquín de primeros auxilios

даруханә

el SOS

SOS

la policía

полиция

Europa

Европа

América del Norte

Төньяк Америка

América del Sur

Көньяк Америка

África

Африка

Asia

Азия

Australia

Австралия

el Atlántico

Атлантик океан

el Pacífico

Тын океан

el Océano Índico

Һинд океаны

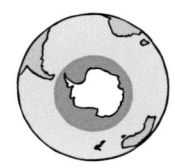

el Océano Antártico

Антарктик океан

el Océano Ártico

Төньяк Боз океаны

el polo norte

Төньяк полюс

el polo sur

Көньяк полюс

la Antártida

Антарктика

la Tierra

җир

la tierra

коры җир

el mar

диңгез

la isla

утрау

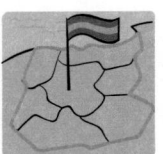

la nación

милләт

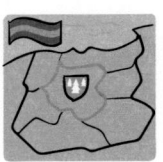

el estado

дәүләт

la esfera

сәгать циферблаты

la manecilla de las horas

сәгать угы

el minutero

минут угы

el segundero

секунд угы

¿Qué hora es?

Әле сәгать ничә?

el día

көн

la hora

вакыт

ahora

хәзер

el reloj digital

электрон сәгать

el minuto

минут

la hora

сәгать

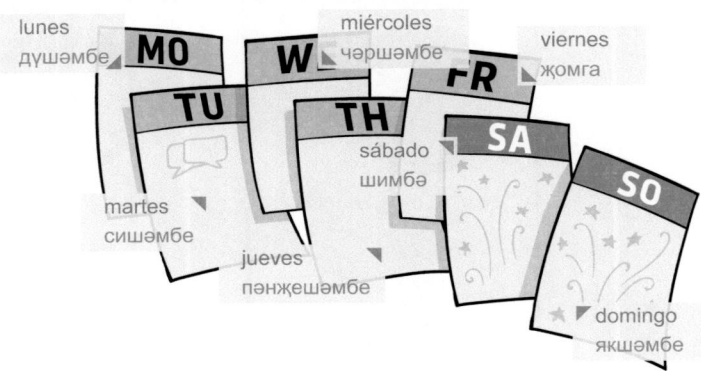

lunes
дүшәмбе

miércoles
чәршәмбе

viernes
җомга

martes
сишәмбе

jueves
пәнҗешәмбе

sábado
шимбә

domingo
якшәмбе

ayer
кичә

hoy
бүген

mañana
иртәгә

la mañana
иртә

el mediodía
төш

la tarde
кич

los días hábiles
эш көннәре

el fin de semana
ял көннәре

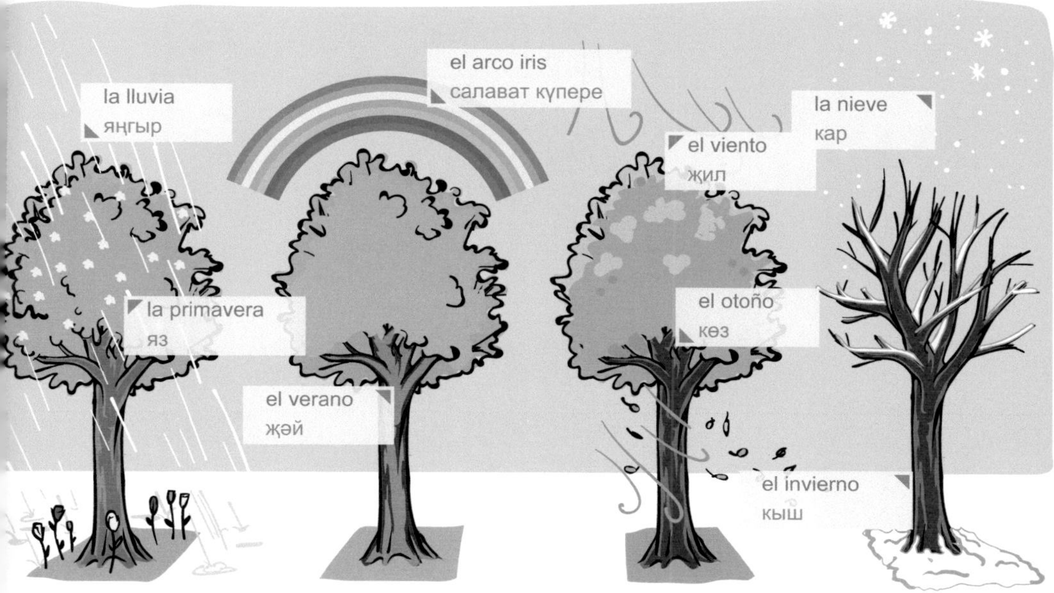

la lluvia
яңгыр

el arco iris
салават күпере

la nieve
кар

el viento
жил

la primavera
яз

el verano
жәй

el otoño
көз

el invierno
кыш

4.APRIL	11°	☀
5.APRIL	4°	☁
6.APRIL	13°	🌧
7.APRIL	8°	☀
8.APRIL	10°	☀

l pronóstico meteorológico

һава торышы

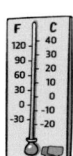

el termómetro

термометр

la luz del sol

кояш яктысы

la nube

болыт

la niebla

томан

la humedad

дымлылык

el rayo

яшен

el trueno

күк күкрәү

la tormenta

давыл

el granizo

боз

el monzón

муссон

la inundación

су басу

el hielo

боз

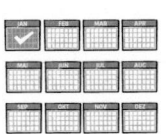

enero

гыйнвар

febrero

февраль

marzo

март

abril

апрель

mayo

май

junio

июнь

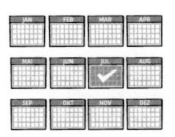

julio

июль

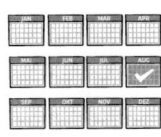

agosto

август

septiembre
....
сентябрь

octubre
....
октябрь

noviembre
....
ноябрь

diciembre
....
декабрь

las formas
формалар

el círculo
....
божра

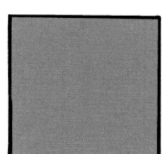

el cuadrado
....
квадрат

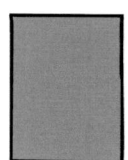

el rectángulo
....
турыпочмак

el triángulo
....
өчпочмак

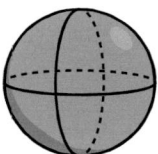

la esfera
....
шар

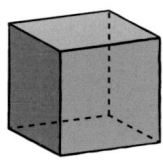

el cubo
....
куб

blanco

ак

amarillo

сары

naranja

кызгылт сары

rosa

ал

rojo

кызыл

violeta

шәмәхә

azul

зәңгәр

verde

яшел

marrón

көрән

gris

соры

negro

кара

mucho / poco

күп / аз

enojado / tranquilo

усал / тыныч

lindo / feo

матур / ямьсез

el principio / el fin

башы / ахыры

grande / chico

зур / кечкенә

claro / oscuro

якты / караңгы

el hermano / la hermana

абый / эне

limpio / sucio

чиста / пычрак

completo / incompleto

тулы / тулы түгел

el día / la noche

көн / төн

muerto / vivo

үле / тере

ancho / angosto

киң / тар

comestible / no comestible

ашарга яраклы / ашарга яраксыз

malo / amable

явыз / яхшы

entusiasmado / aburrido

дулкынланган / сагынган

gordo / flaco

юан / ябык

primero / último

башта / азакта

el amigo / el enemigo

дус / дошман

lleno / vacío

тулы / буш

duro / blando

каты / йомшак

pesado / liviano

авыр / җиңел

el hambre / la sed

ачлык / сусау

enfermo / sano

авыру / сәламәт

ilegal / legal

хокуксыз / хокуклы

inteligente / estúpido

акыллы / акылсыз

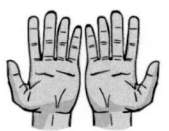

izquierda / derecha

сулдан / уңнан

cerca / lejos

якын / ерак

nuevo / usado

яңа / тотылган

nada / algo

бер нәрсә дә / нәрсәдер

viejo / joven

өлкән / яшь

encendido / apagado

тоташтырылган /
сүндерелгән

abierto / cerrado

ачык / ябык

silencioso / ruidoso

әкрен / кычкырып

rico / pobre

бай / ярлы

correcto / incorrecto

дөрес / дөрес түгел

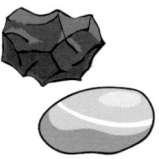

áspero / suave

кытыршы / шома

triste / contento

моңсу / бәхетле

corto / largo

кыска / озын

lento / rápido

җай / тиз

mojado / seco

дымлы / коры

caliente / frío

җылы / салкын

guerra / paz

сугыш / тынычлык

0

cero

ноль

1

uno

бер

2

dos

ике

3

tres

өч

4

cuatro

дүрт

5

cinco

биш

6

seis

алты

7

siete

җиде

8

ocho

сигез

9

nueve

тугыз

10

diez

ун

11

once

унбер

12
doce
унике

13
trece
унөч

14
catorce
ундүрт

15
quince
унбиш

16
dieciséis
уналты

17
diecisiete
унҗиде

18
dieciocho
унсигез

19
diecinueve
унтугыз

20
veinte
егерме

100
cien
йөз

1.000
mil
мең

1.000.000
el millón
миллион

los números - саннар

el inglés

инглизчə

el inglés americano

американча инглиз

el chino mandarín

мандаринча Кытай

el hindi

hинди

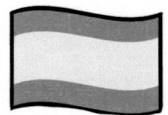

el español

испан

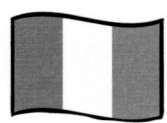

el francés

француз

el árabe

гарəп

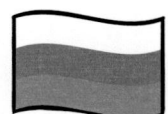

el ruso

рус

el portugués

португал

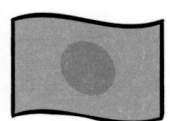

el bengalí

бенгал

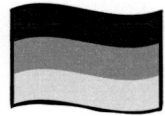

el alemán

алман

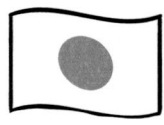

el japonés

япон

yo

мин

vos

син

él / ella

ул / ул / ул

nosotros

без

ustedes

сез

ellos

алар

¿quién?

кем?

¿qué?

нәрсә?

¿cómo?

ничек?

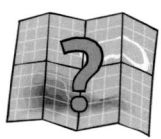

¿dónde?

кайда?

¿cuándo?

кайчан?

el nombre

исем

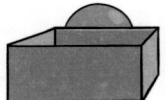

detrás

артта

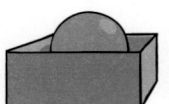

en

эчендә

adelante de

алда

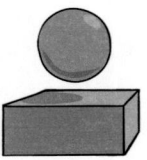

por encima de

өстендә

sobre

өстенә

debajo de

астында

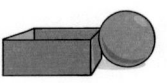

al lado de

янәшә

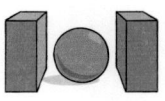

entre

арасында

el lugar

урын